Karl Biedermann

Der Geschichtsunterricht in der Schule

Seine Mängel und ein Vorschlag zu seiner Reform

Karl Biedermann

Der Geschichtsunterricht in der Schule
Seine Mängel und ein Vorschlag zu seiner Reform

ISBN/EAN: 9783743651210

Hergestellt in Europa, USA, Kanada, Australien, Japan

Cover: Foto © Paul-Georg Meister /pixelio.de

Weitere Bücher finden Sie auf **www.hansebooks.com**

Der

Geschichtsunterricht in der Schule,

feine Mängel

und

ein Vorschlag zu seiner Reform.

Von

Prof. Karl Biedermann.

Braunschweig,

Druck und Verlag von George Westermann.

1860.

I

Erster Abschnitt.

Die Mängel des gewöhnlichen Geschichtsunterrichts in den Schulen.

Zu den eingestandenen Mängeln unsers gegenwärtigen Unterrichtswesens und zu den Gegenständen eines Reformbedürfnisses, das aber bis jetzt noch kaum über das Stadium bloßer frommer Wünsche hinausgekommen ist, gehört vor Allem auch der Geschichtsunterricht. Je mehr die Geschichte grade in neuester Zeit, wie als Bildungsmittel überhaupt, so in ihrem unverkennbaren wichtigen Einfluß auf das öffentliche Leben und den politischen Geist des Volkes insbesondere, an Bedeutung gewonnen hat, um so fühlbarer und um so bedenklicher wird die Unzulänglichkeit der Art und Weise ihrer Behandlung im öffentlichen Unterricht.

Der wesentlichste Grund dieser Mangelhaftigkeit liegt in der Natur des Stoffes selbst, mit welchem es der Geschichtsunterricht zu thun hat. Die Geschichte ist eine Entwicklungsreihe von Begebenheiten, die, von einem Punkte anhebend, die ganze Summe des Geschehenen als ein stetig verbundenes Nacheinander vorzuführen unternimmt. Für den Unterricht ergeben sich daraus mehrfache Schwierigkeiten. Die allgemeinen Grundgesetze eines jeden methodischen Unterrichts, wie sie die Pädagogik aufstellt, enthalten Forderungen, welche grade der Geschichtsunterricht wegen der eben bezeichneten Eigenthümlichkeit seines Stoffes schwerer, als irgend ein anderer, zu erfüllen vermag.

Anschaulichkeit gilt für einen Hauptvorzug jedes Unterrichts, namentlich auf den frühern Stufen der Erziehung und bei einem solchen Alter der Schüler, welches zu den höhern geistigen Operationen noch weniger befähigt ist. Es wird aber immer äußerst schwierig und überhaupt nur bis zu einem gewissen Grade möglich sein, dem Geschichtsunterrichte die gewünschte Anschaulichkeit zu geben, so lange man statt fertiger Zustände nur eine Reihefolge einzelner Begebenheiten, gleichsam ein Fließendes, immerfort sich Wandelndes zu schildern hat.

Eine zweite Forderung der pädagogischen Methodik, mit jener ersten eng verbunden, ist die, daß das Vorgetragene in der Seele des Lernenden sich leicht zu einem stetigen, in allen seinen Theilen unter sich zusammenhängenden Ganzen verknüpfe. Nun will zwar der Geschichtsvortrag, wie schon gesagt, die Begebenheiten in einem stetigen Zusammenhange vorführen. Allein dieser Zusammenhang, der durch das Fortschreiten von einer Begebenheit zur andern und durch den sogenannten geschichtlichen Pragmatismus vermittelt werden soll, ist ein theils unzureichender, theils für die Fassungskraft der Schüler, namentlich auf den untern Stufen des Unterrichts, schwer zugänglicher. Jene gleichsam intuitive oder anschauende Phantasie, welche der Historiker und, wenigstens in annäherndem Maße, auch der bloß laienhafte Kenner der Geschichte bei größerer Reife des Geistes und längerer Uebung zu diesem Studium mitbringt, und vermöge deren er ganze Gruppen und Reihefolgen von Begebenheiten, ganze Geschichtsperioden nach ihrer innern Verknüpfung zu übersehen im Stande ist, läßt sich bei dem Schüler nicht wohl voraussetzen. Die unvermeidliche Folge davon ist, daß an die Stelle des wahren, innern, lebendigen Zusammenhanges der Geschichte das bloß äußerliche, todte, mechanische Schema eines solchen tritt, nämlich ein bloßes Gedächtnißwerk von Zahlen und Namen, höchstens untermischt mit einigen abgerissenen und unklaren Vorstellungen von einzelnen Begebenheiten, Oertlichkeiten und Persönlichkeiten. Frage sich doch ein Jeder einmal recht aufrichtig, ob er aus dem Geschichtsunterricht auf der Schüle, auch dem relativ besten, viel mehr, als das eben erwähnte Resultat, ob er daraus eine wirkliche, lebendige Anschauung, ein tieferes Verständniß des Verlaufs der Geschichte in ihrem vollen, organischen Zusammenhange mit hinweggenommen habe!

Was ferner den Geschichtsunterricht so sehr erschwert und namentlich seine Bedeutung als formales Bildungsmittel schmälert, ist dies, daß derselbe bei der herkömmlichen Behandlungsweise die so wichtige Forderung der Pädagogik, vom Bekanntern zum Unbekanntern, vom Einfachern zum Zusammengesetztern und Verwickeltern, vom Leichtern zum Schwerern überzugehen, fast niemals recht erfüllt, ja kaum erfüllen kann. Abgesehen davon, daß man noch immer in vielen Schulen, insbesondere den sogenannten gelehrten, mit der ältesten Geschichte — der Orientalen, Griechen und Römer — anfängt, also mit dem, was dem Schüler sowohl zeitlich als örtlich am entferntesten liegt, am unbekanntesten und schwerverständlichsten ist, so kommt doch auch die, neuerdings vielfach eingeführte, richtigere Methode, mit der uns am nächsten liegenden vaterländischen Geschichte zu beginnen, über die Schwierigkeit nicht ganz hinaus, daß sie den Schüler unvorbereitet in eine Zeit zurückversetzt, welche ihm eine völlig fremdartige ist und worin er sich nur schwer zurechtzufinden vermag.

Mit Recht ist endlich auch ganz neuerdings, und zwar an bedeutsamer Stelle, bei Besprechung der neuen preußischen Realschulordnung vom 6. October 1859 in der Preußischen Zeitung (Nro. 37 von 1860), darauf hingewiesen worden, daß die geschichtlichen Vorträge wenig dazu angethan seien, die Selbstthätigkeit des Lernenden zu entwickeln, da der Schüler sich ihnen gegenüber wesentlich receptiv (aufnehmend) verhalte. Dieser Einwurf, der sehr begründet ist, hängt mit dem vorhin erwähnten Umstande zusammen, daß der geschichtliche Unterrichtsstoff seiner

Natur und Behandlungsweise nach von dem Schüler nicht organisch durchdrungen und in ein festes, bleibendes, nutzbares Eigenthum verwandelt, sondern nur äußerlich, mechanisch, als eine Sache des Gedächtnisses oder höchstens der reprobuctiven Phantasie aufgefaßt wird.

Zu den vorgedachten Schwierigkeiten kommt noch eine sehr wesentliche, die sich zunächst dem Lehrer, in ihren Rückwirkungen aber, wenn es dem erstern nicht gelingt, sie zu überwinden (und es gelingt dies wohl nur den allerbegabtesten und gewissenhaftesten Lehrern), auch dem Schüler auf sehr drückende Weise fühlbar macht. Sie betrifft die richtige Auswahl und Sichtung des geschichtlichen Lehrstoffes, die Ausscheidung dessen, was der Schüler wissen muß und zu wirklich fruchtbarem Gewinn lernen kann, von dem für ihn Ueberflüssigen, Unfaßbaren und Unverdaulichen. Der oben citirte Artikel der Preußischen Zeitung deutet auf diese Schwierigkeit hin, wenn er darauf aufmerksam macht, „daß die universalhistorische Darstellung, sobald sie mehr geben will, als eine in den Hauptpunkten ausgeführte Skizze der Grundlinien, über die Fassungskraft und die geistige Reise der Schüler hinausgeht, die Specialgeschichten dagegen einen Zeitaufwand beanspruchen, welcher unter keinen Umständen in der Schule zu statuiren wäre."

Die Mängel und Unzuträglichkeiten des Geschichtsunterrichts auf den Schulen in seiner gegenwärtigen Form, wie wir dieselben im Vorstehenden in Kürze charakterisirt haben, sind bereits von praktischen Schulmännern, Schulbehörden und pädagogischen Schriftstellern, also von Sachverständigen jeder Art, direct und indirect anerkannt. Von praktischen Schulmännern wollen wir nur zwei Aussprüche anführen, die uns zufällig vorliegen, denen sich aber gewiß noch mancher andere, ähnlich lautende hinzufügen ließe. Scherr in seiner Schrift: „Organisation der Volksschule" (Zürich 1847) spricht es gradezu als einen Mangel des Schulunterrichts in den Realien aus, daß die Schüler von der Geschichte nichts erhielten, als „eine Summe von Namen, die wie Spreu im Winde verfliegen, sobald die Repetition aufhört," und Kellner in seiner „Pädagogik der Volksschule" (Essen 1851) sagt: „Geschichtsunterricht im gewöhnlichen Sinne des Worts gehört gar nicht in die Volksschule." Eben so wird die Beschränkung der Stundenzahl für den Geschichtsunterricht, wie sie die neue preußische Realschulordnung festsetzt, in dem mehrerwähnten Artikel der Preußischen Zeitung mit den schon oben angeführten Gründen gerechtfertigt, welche schließlich darauf hinauskommen, daß, bei aller Anerkennung der Bedeutung, welche die Geschichtswissenschaft in den letzten Decennien gewonnen habe, und welche nur mit Freuden begrüßt werden könne, dennoch es bedenklich falle, der Geschichte im Lehrplan der Realschulen, wie der Gymnasien, eine hervorragendere Stelle einzuräumen, weil zur Zeit die rechte Methode noch nicht gefunden sei, um die Geschichte sowohl nach ihrem materiellen Gehalte, wie auch namentlich als formales Bildungsmittel für diese Altersstufe so recht fruchtbar zu machen.

Das gleiche Bekenntniß einer Mangelhaftigkeit des bisherigen Geschichtsunterrichts liegt den Versuchen zu Grunde, an welchen die neueste Zeit so reich ist, durch eine veränderte Behandlungsweise diesen Zweig des Unterrichts ersprießlicher zu gestalten — Versuchen, denen wir freilich nur einen sehr beschränkten und zweifelhaften Werth und Erfolg beimessen können. Dahin gehört z. B. die Voranstellung und Hervorhebung des biographischen Elementes im Geschichtsunterricht. So fruchtbar nun eine liebevoll eingehende Erfassung großer geschichtlicher Persönlichkeiten für die Geistes- und Charakterbildung der Jugend unstreitig werden kann, wenn sie ihr auf die rechte Weise und namentlich zur rechten Zeit vermittelt wird, so wenig vermögen wir uns zu überzeugen, daß mit solchen biographischen Darstellungen der Geschichtsunterricht auf der Altersstufe, wo derselbe gewöhnlich einzutreten pflegt, zweckmäßig begonnen werde. Denn grade das Verständniß bedeutender Persönlichkeiten (nach den zusammen- oder gegeneinanderwirkenden Momenten ihrer innern Entwicklung, wie ihrer äußern Bethätigung) erfordert einen hohen Grad geistiger Reise, Schärfe und Klarheit; ohne ein solches einbringendes Verständniß aber sind derartige biographische Schilderungen (die z. B. an Karl dem Großen nur seine körperliche Stärke und Tapferkeit, seine Lernbegier, seine hausväterliche Gemüthlichkeit, seinen Eifer in der Bekehrung der Heiden zum Christenthum und dergl. zu rühmen wissen, oder die, um ein näher liegendes Beispiel zu wählen, in Gustav Adolph nur den begeisterten Vorfechter des Protestantismus, in Wallenstein nur den eigenmächtigen und herrschsüchtigen Feldherrn, in Moritz von Sachsen nur den Vertheidiger deutscher Glaubensfreiheit und Unabhängigkeit gegen den spanischen Despotismus Karl's V. dem Schüler vor's Auge führen) — wenig dazu geeignet, den jugendlichen Geist wirklich in die Geschichte einzuführen, weit eher, ihn zu verwirren und auf Abwege zu leiten. Denn entweder erhält der Schüler auf diese Weise nur ein ganz unbestimmtes, allgemeines, der charakteristischen Individualität ermangelndes Bild von seinem Helden — dergleichen jene vagen und nichtssagenden Beiwörter eines „großen,‟ „guten,‟ „menschenfreundlichen,‟ „weisen‟ Königs, Staatsmannes oder Feldherrn sind, womit man auf diesem Standpunkte so verschwenderisch zu sein pflegt —, oder es wird dem Schüler auch wohl grabezu, indem man ihm bloß einzelne Seiten einer solchen Persönlichkeit vorführt, und weil man ihm nicht das ganze, oft höchst verwickelte Getriebe eines historischen Charakters klar machen kann, eine falsche, einseitige Vorstellung von demselben beigebracht, die ihn dann gewöhnlich (da Jugendeindrücke die bleibendsten zu sein pflegen) durch sein ganzes Leben begleitet und selber einer spätern bessern Einsicht nur langsam weicht.

Eine andere Art, den Geschichtsstoff für den Unterricht auch schon auf einer untergeordneten Bildungsstufe zugänglicher und

fruchtbarer zu gestalten, sind die heut zu Tage so beliebten „Ge-
schichts- und Charakterbilder," Darstellungen einzelner Kreise von
Begebenheiten, einzelner besonders hervorragender Ab- und Aus-
schnitte der Geschichte, am liebsten ebenfalls um geschichtliche Persönlichkeiten gruppirt. Wir wollen diesen Charakterbildern — bei guter
Wahl und richtiger Behandlung des Stoffes — das Verdienst einer
gewissen Anregung, Belebung und Befriedigung des geschichtlichen Sinnes nicht absprechen; vom pädagogischen Standpunkte
aus geht uns indeß dagegen doch das Bedenken bei, daß sie zu
wenig den organischen Zusammenhang der Geschichte zur Geltung
bringen und daher immer die Jugend, bei der ohnehin in diesem
Alter vorherrschenden Neigung dazu, zu leicht an eine gewisse
fragmentarische, dilettantenhafte Weise der Geschichtsbetrachtung
gewöhnen, also dem Ernste strenger Wissenschaftlichkeit ent-
fremden.

Offenbar ist man zur Zeit in Bezug auf den Geschichtsunterricht im Stadium des Experimentirens begriffen und kann
den rechten, sichern Weg zu dem gewünschten Ziele noch nicht
finden.

Ein Zweites, was in diesen ganzen Lehrgegenstand eine
bis jetzt noch nicht ausgeglichene Unsicherheit gebracht hat, ist
der Eintritt eines so gut wie neuen, weil bisher meist vernachlässigten, jetzt aber gebieterisch Berücksichtigung fordernden Elementes: des culturgeschichtlichen. Die Nothwendigkeit einer
Einführung und Einfügung der Culturgeschichte in den Geschichtsunterricht ist beinahe allseitig anerkannt — Zeuge dessen
die Aufnahme des culturgeschichtlichen Elementes in fast alle
neuern Lehrbücher der Geschichte (nicht bloß in den Text, sondern
gewöhnlich auch schon in den Titel), das Erscheinen einzelner
speciell culturgeschichtlicher Leitfäden, wie der „Geschichte der
Arbeit und Cultur" von Kirchmann (Leipzig 1854, zweite,
billigere Ausgabe 1857), der sich im Vorwort zu dieser Schrift
gradezu dahin ausspricht, daß an die Stelle der politischen Ge-

schichte in den Schulen die Culturgeschichte gesetzt werden müsse, endlich noch ganz neuerdings das Rescript des preußischen Cultusministers von Bethmann = Hollweg, worin den Schulen die besondere Berücksichtigung des Volks = und Culturlebens beim Geschichtsunterricht ausdrücklich anempfohlen wird.

Allein über das Wie? dieser Verbindung der politischen mit der Culturgeschichte herrscht noch große Unklarheit. Und doch ist es dringend nothwendig, auch dafür feste Maßstäbe und sicher leitende Gesichtspunkte zu finden, einmal, um auch hier den organischen Zusammenhang, der nun einmal ein unerläßliches pädagogisches Erforderniß ist, nicht verloren gehen zu lassen, sodann, weil man sonst Gefahr läuft, den ohnehin schon so weitschichtigen Geschichtsstoff über alles Maß des zu Bewältigenden hinaus zu verbreitern und somit abermals eine Ueberfüllung der jugendlichen Geister mit einer erdrückenden Masse von zu erlernenden Daten herbeizuführen.

Zweiter Abschnitt.

Plan einer Reform des Geschichtsunterrichts.

Es soll im Nachstehenden der Versuch gemacht werden, die wahrgenommene doppelte Schwierigkeit: einerseits einer Zugäng- lich- und Fruchtbarmachung der Geschichte überhaupt für den Unterricht in der Schule, andererseits einer organischen Verbin- dung der politischen mit der Culturgeschichte, mittelst Aufstellung einer Methode zu beseitigen, welche nach beiden Seiten hin die von der wissenschaftlichen Pädagogik wie von den allgemeinen Bildungsbedürfnissen der Gegenwart an den Geschichtsunterricht gestellten Forderungen in möglichst ausreichendem Maße erfülle.

Die Mittel einer solchen naturgemäßern, den Anforderungen der Pädagogik besser, als die bisher übliche, entsprechenden Methode finden wir in einer Voranstellung und richtigen Benutzung des culturgeschichtlichen Elementes, als desjenigen, welches die ersten Voraussetzungen eines jeden methodischen Un- terrichts: Anschaulichkeit, Ausgehen vom Nächsten, Be- kannten, stufenweise Gliederung durch Vorausnahme des Einfachern, Leichtern und allmäliges Fortgehen zum Schwerern, endlich Aufsteigen vom Einzelnen zum Allgemeinen, in weit höherm Maße, als die politische Ge- schichte, in sich enthält.

Von dieser Basis ausgehend, denken wir uns den ganzen Geschichtsunterricht — von da an, wo überhaupt ein solcher an der Zeit ist, bis zum Austritt aus der Schule — in drei Abschnitte folgendermaßen eingetheilt und gegliedert.

I. Culturgeschichtlicher Anschauungsunterricht.

Anschließend an den, dermalen wohl in den meisten Schulen üblichen, sogenannten Anschauungsunterricht, welcher den Zweck hat, die Kinder mit den sie umgebenden Gegenständen, sowohl der Natur, als der Cultur, vertraut zu machen, könnte der Geschichtsunterricht damit beginnen, eben diese Gegenstände der unmittelbaren täglichen Beobachtung zu Ausgangspunkten einer rückblickenden (retrospectiven) Betrachtung zu machen. Man würde also z. B. den Schüler von der Anschauung der gegenwärtigen Kleidung, Nahrung, Wohnung, häuslichen Einrichtung und anderer Erscheinungen des ihn umgebenden Culturlebens hinüberleiten zu der Anschauung eben dieser Vorkommnisse in einem frühern Zeitraume, zuerst einem minder entfernten, dann einem weiter rückwärts liegenden. Man würde ihm beispielsweise die Vervollkommnung und Vervielfältigung in der Gewinnung und Bereitung menschlicher Nahrung, in der äußern Gestaltung wie in der innern Einrichtung und Ausschmückung der menschlichen Wohnungen, ferner den Wechsel der Trachten nach Stoffen und Formen, die verschiedenartigen Mittel, wie der Mensch durch Feuer und Licht sich den Unbilden der Witterung zu erwehren und den Mangel natürlicher Helle durch eine künstliche zu ersetzen gelernt hat, u. dergl. m. vorführen. Wie Jeder leicht sieht, hätte man es hier mit einem Stoffe zu thun, dessen Reichthum beinahe unerschöpflich und der zugleich einer stufenweisen Gliederung in jedem Sinne fähig ist. So würde man, um nur Einiges zu erwähnen, von einer einfachen Vergleichung der verschiedenen Nahrungsmittel in den verschiedenen Zeiten gleichsam von selbst fortgeleitet werden zu allerhand Betrachtungen über Bodenbestellung, Werkzeuge dazu, Zubereitung der Nahrungsmittel, noch weiter dann über die Verhältnisse, unter denen die Menschen zu verschiedenen Zeiten den Boden bebaut haben (als eigene Herren oder in fremdem Dienst als Sclaven, Leibeigene ꝛc.), nach anderer Seite hin wieder über den Verkehr und seine mancherlei Mittel und Wege, Transport- und Communicationswesen ꝛc. ꝛc.

Eine streng systematische Reihenfolge denken wir uns bei diesen frühesten culturgeschichtlichen Betrachtungen noch nicht, meinen vielmehr, daß hier der Lehrer mit einer gewissen Freiheit verfahren könnte, bald an dem, bald an jenem Punkte anknüpfend, die Kreise seiner Vergleichung bald enger, bald weiter ziehend, je nachdem es die Fassungskraft, die geistige Regsamkeit und Vorbildung seiner Zöglinge gestattet und fordert. Auch möchte ebensowohl eine Zusammenstellung des bei verschiedenen Völkern Gleichzeitigen (z.B. der Sitten und der Lebensweise der Deutschen, Engländer, Franzosen ꝛc.), als des zu verschiedenen Zeiten bei einem und demselben Volke Vorkommenden am Platze sein, und es würde sich also auch die Darstellung nicht nothwendig immer bloß auf vaterländische Culturverhältnisse zu beschränken haben.

Der Lehrer Kirchmann in Eutin hat in dem schon oben erwähnten Buche: „Geschichte der Arbeit und Cultur,“ einen Leitfaden für einen derartigen geschichtlichen Anschauungsunterricht zu geben versucht. Nach seiner Angabe hat diese Methode nicht allein bei den von ihm selbst damit gemachten praktischen Versuchen (in einer höhern Volksschule) sich als richtig und fruchtbar bewährt, indem, wie er berichtet, das lebhafte Interesse und die ausdauernde Aufmerksamkeit, die sie den Schülern abgewann, seine Erwartungen noch übertraf, sondern er hat sich auch dafür bei seinen pädagogischen Collegen entschiedener Theilnahme und Zustimmung zu erfreuen gehabt.

Das Buch von Kirchmann ist als ein erster Versuch auf diesem Wege jedenfalls dankenswerth, wenn auch mancher Verbefferung fähig. Namentlich wären wohl in einem solchen Leitfaden dem Lehrer nicht allein ein reicheres Material an concreten That= sachen, sondern auch bestimmtere Fingerzeige zu geben, wie er dieses Material passend zu verarbeiten und zu verknüpfen habe. Auf der andern Seite möchten wir auf der Stufe des Unterrichts, die doch wohl Kirchmann im Auge hat, denselben nicht schon so weit — namentlich auch über die geistigen Gebiete der Cultur — ausgedehnt wissen, wie es in dem genannten Buche geschieht.*)

Von großem Vortheil würde es sein, wenn einem der= artigen Lehrbuche Abbildungen (wäre es auch nur in ganz einfachen, flüchtigen Umrissen) zur lebhaftern Veranschaulichung der geschilderten Gegenstände — so weit sich solche dazu eignen — beigefügt werden könnten.

Als die wichtigsten pädagogischen Resultate eines solchen cul= turgeschichtlichen Anschauungsunterrichts erscheinen uns folgende:

1. Die Uebung und Schärfung des Beobachtungs= und Vergleichungssinnes bei den Schülern.

2. Die Anleitung und Gewöhnung derselben, auch an den alltäglichen Vorkommnissen nicht stumpf und

---

*) Das Kirchmann'sche Buch enthält folgende Hauptrubriken:
I. Erfindung und Vervollkommnung der Mittel zur Befriedigung der dringendsten Lebensbedürfnisse: A. Nahrung — Ackerbau, Reinigung und Verarbeitung des Getreides, Getränke, andere Nahrungsmittel, Gewürze — zur Bereitung der Nahrung nöthige Erfindungen: das Feuer, Gefäße — die Weise zu essen: Messer, Gabeln 2c. — B. Wohnungen: die Gebäude, Fenster und Glas, Oefen 2c. C. Die Kleidung: Kleidungsstoffe (Wolle, Flachs 2c.), deren Verarbeitung. D. Geräthe. E. Waffen. F. Austausch der Producte. II. Der Mensch in zunehmender Erkenntniß und Beherrschung von Raum und Zeit — Transportmittel; Fortbewegung durch Thierkräfte, durch Elementar= kräfte; Straßen, Posten — Uhren, Kalender. III. Kunstbestrebungen und Kunstleistungen der Menschen: Tonkunst, bildende Künste, Dichtkunst. IV. Wissenschaftliche Bestrebungen und Leistungen: Schreiben, Buchstabenschrift, Buchdruckerkunst; Entwicklung der Wissenschaften — Universitäten, Schulen 2c. V. Spiel, Luxus, Bequemlichkeit, gemeinnützige Vereine und Anstalten.

gleichgiltig vorüberzugehen, sondern überall zu fragen: wie war dieß früher? wie ist es anderwärts? war es stets so? oder wie, wann, wodurch ist es anders geworden? Gleichwie der durch den naturwissenschaftlichen Anschauungsunterricht zur Aufmerksamkeit auf seine Naturumgebungen angeleitete Schüler die Pflanze, den Stein, das Insect auf seinem Wege mit ganz andern Augen ansieht, als der einer solchen Anleitung entbehrende, so würde auch der Zögling des culturgeschichtlichen Unterrichts in Bezug auf die ihm vor das Auge kommenden Culturerscheinungen verfahren.

3) Die erste Weckung des Bewußtseins von einem Fortschreiten, einer Vervollkommnung der Menschheit durch eigene Thätigkeit, durch Arbeit, durch gegenseitige Hilfleistungen, durch ein Zusammenwirken Aller, und die Erregung des Triebes nach Theilnahme an diesem allgemeinen Culturwerke, also die Pflanzung des ersten Keims der Gemeinnützigkeit und Strebsamkeit, dieser ersten aller bürgerlichen Tugenden, in das jugendliche Gemüth.

Ganz richtig bezeichnet es Kirchmann als einen Vorzug des culturgeschichtlichen Unterrichts vor dem gewöhnlichen (in der bloß politischen Geschichte), daß der erstere „nicht nur die Kenntnisse der Schüler für ihren Lebenskreis zweckmäßig ergänzt, sondern auch auf deren Charakterbildung günstig einwirkt, indem er dem künftigen Bürger das Strebeziel aufsteckt, ein Förderer und Verbesserer auf dem Felde friedlicher Cultur zu werden," während die bloß politische Geschichte „dem Knaben nur siegreiche Feldherren und Krieger als große Männer zeigt, vor denen er entweder trostlos dasteht, weil sie ihm unerreichbar erscheinen, oder deren Vorbild ihn verführt, die friedliche Entwicklung, auf welcher doch die wahre Völkerwohlfahrt ruht, zu mißachten."

Auf diesem Gebiete findet dann auch das biographische Element, welchem wir bei dem Unterricht in der politischen Geschichte nur eine sehr bedingte und zweifelhafte Berechtigung zugestehen konnten, eine weit unbedenklichere, ja fruchtbare Anwendung. Die großen Erfinder und Entdecker, die, wie ein Columbus, Guttenberg, Fulton, Watt, Drake u. A., durch Scharfsinn, Fleiß, Beharrlichkeit in der Verfolgung einer gemeinnützigen Idee Wohlthäter der Menschheit und Förderer der Cultur wurden, diese — mit ihrem gewöhnlich viel einfachern Lebens- und Entwicklungsgange — lassen sich größtentheils gar wohl auch schon dem jugendlichen Geiste bekannt und vertraut machen, weit eher mindestens, als die Feldherren und Staatsmänner der politischen Geschichte.

Diese erste oder unterste Stufe des culturgeschichtlichen Unterrichts — der noch mehr aphoristische Anschauungsunterricht — würde, nach unserer Ansicht, recht wohl mit dem vollendeten achten Lebensjahre beginnen und — in der früher angedeuteten Weise abgestuft, von den einfachsten zu den verwickeltern Culturverhältnissen übergehend — bis mit dem vollendeten zehnten fortgesetzt werden können, also in den Bürgerschulen etwa die Classen vier und drei, in den Real- und Gelehrtenschulen die alleruntersten Classen umfassen.

II. Culturgeschichtliche Heimaths- oder Vaterlandskunde.

Die zweite Stufe des culturgeschichtlichen Unterrichts würde sich von der ersten dadurch wesentlich abscheiden und einen Fortschritt über dieselbe hinaus enthalten, daß sie sich an ein bestimmtes Culturgebiet anschlösse und dasselbe mit einer gewissen Planmäßigkeit auszuschreiten und sich anzueignen unternähme. Als ein solches bestimmtes Culturgebiet bietet sich am naturgemäßesten die Heimath, und zwar zuvörderst die nächste, unmittelbarste dar, also der Heimathsort. Hier gälte es, den Schüler theils zur Erfassung der culturge-

schichtlichen Eigenthümlichkeiten des gegebenen Ortes, im Ver-
gleich mit oder im Gegensatz zu andern Orten (gleichsam der
culturgeschichtlichen Physiognomie desselben) anzuleiten, theils
ihn mit den Veränderungen bekannt zu machen, welche diese
Physiognomie nach den wichtigsten culturgeschichtlichen Beziehungen im Laufe der Zeit erfahren hat, also z. B. mit den
Umwandlungen in der Form und Gruppirung der Wohnungen,
in der Tracht und den Sitten der Bewohner, in der Boden-
eintheilung und -Bestellung, mit der Bevölkerungsbewegung durch
Ein- und Auswanderung, oder durch besondere Ereignisse, oder
auch durch das regelmäßige Wechselverhältniß von Geburts-
und Sterbefällen, mit den vorherrschenden Erwerbs- und Be-
rufsarten der Einwohner, wie diese sich allmälig ausgebildet,
auch wohl verändert haben, mit den kirchlichen und religiösen
Verhältnissen, mit der Form des Gemeinwesens und was dazu
gehört, mit den Anstalten für Bildung, Wissenschaft und Kunst, oder
für Wohlthätigkeit und Gemeinnützigkeit, mit den Aeußerungen
des geselligen Verkehrs, Volksfesten, ihrer Entstehung und Bedeutung, und mit anderm Derartigen mehr. In den Städten,
zumal den größern, den volk- und gewerbreichen Mittelpunkten
der Cultur und des Verkehrs, die als solche meist eine inhalt-
volle Geschichte hinter sich haben, dürfte an dergleichen eben so
interessantem, wie lehrreichem Stoff culturgeschichtlicher Betrachtung und Vergleichung kein Mangel sein. Auf den Dörfern
ist freilich der Kreis der hier in Betracht zu ziehenden Verhältnisse ein engerer, gemessenerer; doch wird es auch da an Gegenständen zweckmäßiger Belehrung nicht fehlen, sobald nur der
rechte Sinn für ihre Auffindung und der rechte Tact in ihrer
Behandlung vorhanden ist.

Aus diesem nächsten und engsten Bereich des rein Oertlichen wäre dann überzugehen zu den weitern Kreisen des Be-
zirks, der Provinz, endlich des ganzen Landes, zunächst
wieder des engern oder speciellen Heimaths- oder Vater-

landes. Die größern und allgemeinern Verhältnisse, welche hier
in Betracht kommen, führen nun schon von selbst über das
Gebiet des bloß Culturgeschichtlichen auch in das der
politischen Geschichte hinüber. Doch würde immerfort jenes
als der eigentliche Mittel- und Ausgangspunkt aller Betrachtungen festzuhalten, es würden um diesen Mittelpunkt die
äußern, politischen Ereignisse in der Art zu gruppiren sein, daß
sie nur gleichsam als Erläuterungen oder Illustrationen dienten,
um zu erkennen, wie und woburch die innern Zustände sich so
oder so verändert haben.

Jn letzter Reihe würde man hierbei auch schon auf culturgeschichtliche und politische Vorgänge des allgemeinen,
deutschen Vaterlandes Rücksicht zu nehmen haben; doch
wäre auf dieser Stufe ein Hauptgewicht noch auf das Besondere, Eigengeartete des Oertlichen, Provinziellen
und Landschaftlichen zu legen, natürlich ohne jede abschlie-
ßende, einer spätern Erweiterung des Gesichtskreises hinderliche
Einseitigkeit.

Die auf der frühern Stufe dieses Lehrganges, bei dem
culturgeschichtlichen Anschauungsunterricht, gewonnene Erkenntniß
mannigfachster Cultur- und Lebensverhältnisse in ihren Ver-
schiedenheiten und Abwandlungen käme hierbei natürlich wieder
vielfach zur Anwendung und sowohl dem Schüler als dem
Lehrer zu statten. Nur müßte, was dort absichtlich vereinzelt
und fragmentarisch behandelt ward, hier zu größerer Stetigkeit
und Einheit zusammengefaßt, zugleich durch die Beziehung
und Beschränkung auf einen ganz bestimmten, örtlich abge-
grenzten Lebenskreis fester, planmäßiger gestaltet werden. Ein
sehr wesentliches Hilfsmittel dafür wäre die Verknüpfung des
geschichtlichen Unterrichts mit dem geographischen, wie
solche ja schon gegenwärtig bei der in den meisten Schulen
üblichen Landes-, Heimaths- oder Vaterlandskunde ge-
bräuchlich ist, nur daß dieselbe hier erweitert würde nach der ge-

schichtlichen Seite hin durch Hereinziehung des so wichtigen, bisher viel zu sehr vernachlässigten, culturgeschichtlichen Elements.

Der Gewinn, den schon die jetzige Vaterlandskunde für eine lebensvollere Bildung des heranwachsenden Geschlechts anerkanntermaßen bietet, würde durch eine solche Erweiterung derselben wesentlich gesteigert werden, und zwar nicht bloß in Bezug auf das thatsächliche Wissen der Schüler, sondern namentlich auch durch Stärkung und Belebung des geschichtlichen Sinnes im Volke, dieses so wichtigen, uns Deutschen in Folge eigenthümlich ungünstiger Entwicklungsverhältnisse unsers Nationallebens lange Zeit hindurch beinahe abhanden gekommenen Elements der Volksbildung. Natürlich verstehen wir darunter nicht jenes todte Gedächtnißwerk von Zahlen und Namen, womit der gewöhnliche Geschichtsunterricht die jugendlichen Geister zu überfüttern und oftmals für das eigentliche Geschichtsinteresse und dessen selbstthätige Betreibung abzustumpfen pflegt; wir meinen vielmehr das sinnige Nachspüren nach den Ursprüngen des Bestehenden und nach dessen Abwandlungen im Laufe der Zeiten bis auf die Gegenwart herab, das Feingefühl für geschichtliche Continuität und Entwicklung, welches die Brücke von dem Sonst zu dem Jetzt nicht abbrechen, vielmehr die abgebrochene so weit möglich wieder herstellen möchte, welches gern das Neue an das Alte anknüpft, ohne doch durch eine falsche und mißverstandene Pietät für dieses letztere sich von dem nothwendigen Fortschrittsstreben abwendig machen zu lassen. Um diesen, großentheils, wie gesagt, dem deutschen Volke verloren gegangenen geschichtlichen Sinn wieder zu wecken, zu üben und zu bilden, muß man, nach unserer Meinung, im kleinsten Kreise und bei der Jugend anfangen, muß man namentlich diese letztere daran gewöhnen, über den Zusammenhang der Gegenwart mit der Vergangenheit nachzudenken, sich darüber Rechenschaft zu geben, ob die heutige Denk- und Lebensweise, die heutigen Gewohnheiten und Sitten besser seien, als die unserer Vorväter, ober nicht, das von diesen Ueberkommene doppelt hoch zu achten, wenn es sich als ein auch noch heut Tüchtiges und Brauchbares erweist, aber auch das Neue nicht zu verschmähen, wenn es einer Unvollkommenheit, einem Mangel des Frühern abhilft. Dazu können vor Allem solche culturgeschichtliche Vergleichungen des Sonst und Jetzt in Bezug auf eine bestimmte Ort- oder Landschaft dienen. Es gibt einzelne Gegenden in Deutschland, wo sich ein solcher geschichtlicher Sinn noch in weiten Kreisen des Volkes findet, wo nicht bloß der Bürger in den Städten, sondern auch der Dorfbewohner gern die alten Ortschroniken und andere dergleichen Urkunden studirt, welche in der Gemeinde- oder Zunftlade aufbewahrt sind oder welche der Geistliche und Lehrer ihm mittheilt, wo Einzelne auch wohl selbst derartigen schriftlichen Ueberlieferungen von frühern Zuständen, von dem Ursprunge gewisser jetzt noch herrschender Sitten und Gebräuche ꝛc. nachgehen. Diese Richtung zu unterstützen und weiter zu verbreiten, scheint uns sehr nützlich und wesentlich mit eine Aufgabe des Geschichtsunterrichts in der Schule.

Eine Schwierigkeit wird freilich anfangs diesem Unterrichte der Mangel ausreichender Hilfsquellen für Beschaffung des nöthigen Materials entgegenstellen. Fehlt es doch selber für die Landeskunde im gewöhnlichen Sinne noch mancher Orten an passenden Lehr- und Handbüchern! Denn Werke von so eingehender Gründlichkeit und zugleich so lebensvoller Darstellung, wie die „Landeskunde des Herzogthums Meiningen" vom Professor G. Brückner (Meiningen 1851. 2 Bde.) sind eben so selten, wie Lehrer dieses Fachs von der Begabung des eben genannten trefflichen Gelehrten. Insbesondere für die eigentlich culturgeschichtliche Partie wäre der Stoff zum bei Weitem größten Theile erst zu gewinnen, zusammenzutragen, zu sichten und zu verarbeiten. Doch würden sich dazu wohl die geeigneten Kräfte in den verschiedenen Ländern finden, sobald nur erst über Nothwendigkeit und Nützlichkeit eines derartigen Unterrichts, sowie über den dabei zu befolgenden

Plan, eine Verständigung unter den Betheiligten erzielt wäre. Die über einen so großen Theil Deutschlands verbreiteten Geschichts- und Alterthumsvereine, sowie die Vereine für deutsche Culturgeschichte würden solchen Bestrebungen theils mit bereits angesammeltem Stoff, theils mit Nachweisungen, wo und wie solcher zu gewinnen sei, gewiß gern an die Hand gehen.

Für diese zweite Stufe des Geschichtsunterrichts denken wir uns das elfte und zwölfte Lebensjahr und die diesem entsprechenden Classen der Volks-, Real- und Gelehrtenschulen als den geeignetsten Zeitpunkt.

III. Der eigentlich planmäßige Geschichtsunterricht auf culturgeschichtlicher Grundlage.

Dieser würde nach dem Vorherigen mit dem Eintritt des Schülers in's dreizehnte Lebensjahr anheben, somit in die obersten Classen der Volksschulen und in die dritte Classe der Gelehrten- und Realschulen fallen. Er hätte, entsprechend dem zu Grunde gelegten allgemeinen Princip, wiederum mit dem der Fassungskraft und dem Interesse der Schüler am nächsten Liegenden, also mit der Geschichte des eignen, d. h. hier des deutschen Vaterlandes, zu beginnen, und schlösse sich daher unmittelbar an die auf der vorigen Stufe betriebene Heimathskunde an. Der Lehrgang wäre aber nunmehr ein wirklich systematischer; er ginge nicht mehr bloß von dem Gegenwärtigen auf das Vergangene zurück (wie in den vorigen Stadien, wo die Vergleichung des Jetzt mit dem Sonst die Hauptsache ist), sondern er hätte wirklich den Verlauf der Geschichte in ihrem Fortgange von den frühesten bis auf die neuesten Zeiten fortschreitend (progressiv, synthetisch) zu verfolgen. Jedoch würde auch hier das im Eingange vorangestellte Princip möglichster Anschaulichkeit zur Geltung zu bringen sein, und zwar auf folgende Weise:

Es wäre als die erste Aufgabe auch dieses Lehrcursus zu betrachten, einen bestimmten Zustand, eine bestimmte Culturepoche der deutschen Geschichte in ihrer ganzen Breite, nach allen wesentlichen, für die Jugend faßbaren und wissenswerthen Beziehungen des Staats- und Volkslebens, vor den Augen des Schülers auseinanderzulegen, so daß derselbe ein möglichst deutliches und in dem Umfange, wie es für ihn nöthig und nützlich ist, ausgeführtes Bild dieser bestimmten Culturepoche erhielte. Dies geschähe zuerst mit dem ältesten uns etwas näher bekannten Zustande Germaniens und seiner Völkerschaften (bald nach Christi Geburt). Man suche dem Schüler von diesem Zustande ein klares, anschauliches Bild zu entwerfen, etwa so, wie es Tacitus in seiner Germania gegeben hat, unter Hinzufügung der ergänzenden oder abweichenden Züge, welche Cäsar u. A. aus einer noch etwas frühern Zeit beibringen.

Wäre dies geschehen und hätte man sich vergewissert, daß der Schüler ein deutliches Bild von dem ältesten Deutschland in sich aufgenommen habe, — von dessen Grenzen nach außen, von der Vertheilung der Hauptvölkerschaften im Innern, von dem Zustande des Landes, von der Körperbeschaffenheit, dem Charakter, der Lebens- und Beschäftigungsweise seiner Bewohner, von ihren religiösen Ansichten und Gebräuchen, von ihrer bürgerlichen und politischen Verfassung ꝛc. — so zwar, daß er genaue Rechenschaft davon zu geben vermöchte, so ginge der Lehrer nicht, wie jetzt geschieht, zu der Erzählung der einzelnen Ereignisse über, welche sich der Zeitfolge nach zunächst an jenen ältesten Zustand anknüpfen, sondern er versetzte den Schüler sofort — gleichsam mit einem Sprunge — in eine zweite, von jener ersten einigermaßen entfernte Culturepoche, also z. B. in die Zeit der Gründung des fränkischen Reiches in Gallien unter Clodwig (gegen 500 n. Chr.). Mit dieser zweiten Epoche verführe man sodann genau eben so, wie mit der

erſten, d. h. man entwürfe auch von ihr ein Geſammtcul-
turbild. Hierbei würde nun ſofort dem Schüler ſelbſt ſich die
Beobachtung aufdrängen (auf welche er außerdem auch durch ver-
gleichende Winke hingeleitet werden könnte), daß dieſes zweite
Bild des deutſchen Volkes und Landes von dem erſten in
vielen Zügen weſentlich abweiche. Die Wohnſitze der Deutſchen
ſind großentheils verändert; auf der einen Seite, nach dem
Weſten und Süden hin, ſind ſie bedeutend vorgeſchoben, auf
der andern, nach Oſten, ſind ſie durch das Nachrücken der
Slaven eingeſchränkt. Die innere Eintheilung iſt eine andere
geworden: aus den einzelnen Völkerſchaften haben ſich größere
Völkerbündniſſe oder Stämme gebildet. Noch auffallender ſind
die Abweichungen der politiſchen und bürgerlichen Verfaſſung
der Franken unter Clodwig von derjenigen der älteſten Ger-
manen; die bei Letztern faſt unbeſchränkte Selbſtregierung der
Volksgemeinde, ſo wie die bürgerliche und geſellſchaftliche Gleichheit aller Mitglieder derſelben hat einem Syſteme monarchiſcher
und ariſtokratiſcher Einrichtungen Platz gemacht, welches bereits
alle Keime des ſpätern Feudalismus in ſich trägt.

Dieſe und andere Veränderungen, welche, wie geſagt, der
Schüler ſelbſt wahrnehmen, oder welche es doch nicht ſchwer ſein
wird, ihm anſchaulich zu machen, werden ſeine Aufmerkſamkeit
und ſein Intereſſe ſofort auf die zwiſchen beiden Epochen in
der Mitte liegenden Ereigniſſe hinlenken, werden ihm gleichſam
die Frage auf die Lippen legen: wie, wodurch, wann alle
dieſe Veränderungen eingetreten ſeien. Hier alſo iſt der Lehrer
in der günſtigſten Lage, in welcher überhaupt ein Lehrer ſein
kann, nämlich: das Intereſſe des Schülers nicht erſt für den
Gegenſtand, den er ihm vortragen will, wecken zu müſſen, ſondern an ein ſchon vorhandenes Intereſſe und Bedürfniß mit
ſeinen Ausführungen anknüpfen zu können. Dieſen Ausführungen ſelbſt iſt dadurch in ſehr beſtimmter Weiſe ihr Maß und
Ziel vorgezeichnet; denn die Schilderung der einzelnen geſchicht-

lichen Begebenheiten bewegt sich in natürlich bemeſſenen Bahnen
zwiſchen zwei feſtſtehenden Punkten, einem Culturverhältniß der
ſpätern Periode, welches aus den vorausgegangenen Ereigniſſen
erklärt, und einem Culturverhältniß der frühern Periode, von
welchem aus der Uebergang zu jenem andern nachgewieſen werden
ſoll.   Hier wird es dem Lehrer viel leichter werden, als bei
dem herkömmlichen Verfahren, in der großen Maſſe von Ereigniſſen, welche die Geſchichte darbietet, das Weſentliche von
dem Unweſentlichen, dasjenige, was der Schüler wiſſen muß,
um von den Urſachen und der ganzen Art und Weiſe der vorgegangenen Veränderung eine klare Vorſtellung zu bekommen,
von dem, was nur in entfernterer Beziehung dazu ſteht (alſo unter
Umſtänden entweder vorläufig ganz hinweggelaſſen, oder nur
beiläufig und kurz erwähnt werden mag), zu unterſcheiden. Be-
ſonders gilt dies auch von den einzelnen Daten (Namen, Jahrs-
zahlen), welche dem Schüler, gleichſam als Merkzeichen und
Stützpunkte geſchichtlicher Orientirung, überliefert werden, und
von denen man verlangt, daß er ſie als bleibendes Eigenthum
in ſeinem Gedächtniß bewahre. Bei dem gewöhnlichen Gange des
Geſchichtsunterrichts iſt es oft ſehr ſchwer, ſelber für einen geübten
und beſonnenen Lehrer, hinſichtlich dieſer Daten das rechte Maß
zu treffen und dem Schüler grade diejenigen zu überliefern, welche
ihm wirklich zur Orientirung in der Maſſe der Begebenheiten
von Nutzen ſein können, aber auch nicht mehr. — Und doch
iſt dieſe letztere Beſchränkung durchaus nothwendig; denn, je
größer die Zahl der zu behaltenden Daten, deſto weniger iſt
Ausſicht, daß ſie wirklich behalten werden. Wenn ſich dagegen
der Unterricht darauf beſchränkt, dem Schüler nur wenige und
nur wirklich wichtige, entſcheidende Daten zu geben, ſo werden
dieſe nicht allein leichter gemerkt, ſondern auch weit ſicherer dazu
verwandt werden, die übrigen Ereigniſſe um ſie herum zu einem
klaren Bilde zu gruppiren.   Das aber wird dann am erſten
gelingen, wenn der Lehrer bei der Auswahl und der Betonung

der einzelnen Ereignisse immer schon die Beziehung auf einen
ganz bestimmten Zielpunkt im Auge hat; der Schüler selbst wird
die Bedeutung eines Ereignisses weit sicherer herausfühlen, wenn
ihm dasselbe sogleich in der ganz bestimmten Richtung als Er-
klärung gewisser, in dem vor ihm aufgerollten Bilde wahrnehmbarer
Veränderungen entgegentritt, als wenn ihm alle Ereignisse nur nach
ihrer Zeitfolge vorgeführt werden, wobei er von keinem einzelnen
im Voraus wissen kann, ob dasselbe als Erklärungsgrund wichtiger
Veränderungen in dem staatlichen oder sonstigen Culturzustande
des Volkes besonders gemerkt zu werden verdiene oder nicht. Kurz,
durch die unmittelbare Beobachtung der größern oder geringern
Wichtigkeit der verschiedenen Geschichtsbegebenheiten für die Er-
klärung bestimmter Geschichtsresultate, die der Schüler hier selbst
zu machen Gelegenheit hat und angewiesen wird, prägen sich
ihm diese wichtigern Ereignisse von selbst ein — viel besser und
sicherer, als durch das bloße Gebot des Lehrers. Ein einziges
Beispiel zur Erläuterung des Gesagten! Bei Schilderung der
fränkischen Besitznahme von Gallien pflegt wohl die Anekdote
erzählt zu werden, wie bei der Theilung der Beute ein gemeiner
fränkischer Krieger ein kostbares Gefäß, welches der König für
sich als bevorzugten Antheil nehmen wollte, mit den Worten:
dem Könige gebühre nicht mehr als jedem freien Manne, mit
seiner Streitart zerschlagen, der König zwar im Augenblicke
geschwiegen, später aber bei gegebener Gelegenheit sich an
dem kühnen Widersacher seiner königlichen Prärogative gerächt
habe. Wird diese Anekdote so, wie gewöhnlich geschieht, im chro-
nologischen Laufe der Begebenheiten erzählt, so wird der Schüler
nicht recht wissen, welches darin das eigentlich charakteristische
Moment, also dasjenige sei, was ihr den Werth einer wirklich
geschichtlichen, hervorzuhebenden und zu merkenden Thatsache
verleihe. Er wird vielleicht die That des Franken als frechen
Uebermuth des in langen Raubzügen verwilderten Kriegers, die
Nachgiebigkeit des Königs als unbegreifliche Schwäche ansehen —

genug, er wird nicht wissen, was er sich daraus zu nehmen habe, und der Lehrer selbst wird ihm dies nur deutlich machen können, wenn er ihm die staatsrechtliche Grundanschauung von dem Ver= hältniß des Führers zu dem einzelnen Freien sowohl aus der Taciteischen, als aus der fränkischen Periode vorführt und ihm nun zeigt, wie sich in dieser Anekdote der Uebergang aus jener in diese und die noch unentschiedene Vermischung beider ab= spiegele. Ist dagegen der Schüler schon vorher mit jenem Ge= gensatz zweier politischer Auffassungen, einer mehr demokratischen in der frühern, und einer mehr monarchischen in der spätern Periode, bekannt gemacht worden, so daß er nun die ihm vor= geführten Ereignisse zwischen beiden Perioden sogleich darauf ansieht, ob sie mehr den Charakter jener oder dieser an sich tragen, so wird ihm aus der angeführten Anekdote leicht erkenn= bar entgegentreten, wie sich damals noch das altgermanische Princip der Gleichheit aller freien Männer gegen das neue von der persönlichen Bevorrechtung eines Einzelnen sträubte, wie das letztere noch nicht öffentlich dagegen aufzutreten wagte, um so mehr aber im Stillen sich seine Gelegenheit ersah, solche Re= gungen des alten Volksgeistes zu unterdrücken.

Wie von der urgermanischen zu der fränkischen Epoche, so würde, wenn erst der Schüler mit dieser letztern und den sie be= dingenden vorausgegangenen Ereignissen vollkommen vertraut wäre, wiederum zu einem andern, ähnlichen Haltpunkt und zu einer abermaligen Um= und Rückschau übergegangen, etwa zu der Zeit, wo der Ausbau des Karolingischen Reiches vollendet ist, also beiläufig 300 Jahre später.

Auf solche Weise würde man die ganze deutsche Geschichte etwa in folgende zwölf große Gruppen oder Perioden abtheilen und also in zwölf großen Culturbildern, nebst den dazu ge= hörigen retrospectiven Erläuterungen, dem Schüler vorführen können:

1. **Urzeit** (um Christi Geburt).

2. **Fränkisches Reich** unter **Clobwig** (um 500).

3. **Karolingisches Reich** (um 800).

4. **Begründung** und scheinbare **Befestigung** eines **nationalen Königthums** (10. Jahrhundert).

5. **Verfall** desselben bis zum gänzlichen Aufhören einer Einheit und Ordnung im Reich — **Interregnum** (Mitte des 13. Jahrhunderts).

6. **Entschiedener Sieg** des landesherrlichen über das einheitliche Element im Reiche — die **goldene Bulle** (Mitte des 14. Jahrhunderts).

7. Die **Versuche** einer **Reorganisation** des Reichs, politische, religiöse, sociale, geistige Reformbewegung (um 1500).

8. **Abschluß** der **religiösen Bewegung** durch den **Religionsfrieden** (Mitte des 16. Jahrhunderts).

9. **Westphälischer Friede** (Mitte des 17. Jahrhunderts).

10. **Friedrich's** II. **Thronbesteigung** (Mitte des 18. Jahrhunderts).

11. **Zerfall** des Reichs (1806) (oder **Wiener Congreß,** 1815).

12. **Neueste Zeit.**

Wir setzen dabei als selbstverständlich voraus, daß die bevorzugende **Rücksicht auf die der Gegenwart näher liegenden Zeiträume** — eine Rücksicht, welcher schon in der obigen Eintheilung insofern Rechnung getragen ist, als die frühern Abschnitte eine größere, die spätern eine kleinere Zahl von Jahren umfassen,*) — auch in der **Behandlung der einzelnen Abschnitte selbst** wiederum hervortreten müßte, so zwar, daß die frühern kürzer, die spätern ausführlicher und eingehender be-

---

*) Die Beschränkung der achten Periode auf kaum mehr als fünfzig Jahre rechtfertigt sich wohl von selbst durch die Gewichtigkeit des Inhaltes dieser, für unsere ganze nationale Entwicklung folgereichsten Periode, des Reformationszeitalters.

handelt würden. Auch dafür gibt der hier vorangestellte culturgeschichtliche Gesichtspunkt von selbst eine maßgebende Leitung,
da grade das innere Culturleben des Volkes, wie natürlich, je
weiter nach der Gegenwart her, um so reicher, überdies auch
seine Kenntniß im Einzelnen um so zugänglicher und seine
Vergegenwärtigung um so leichter ist.

Mit einem Verfahren wie das oben geschilderte, wobei man
nur das Wesentliche und das für das betreffende Alter Brauchbare hervorhebt, würde man, ohne der nöthigen Ausführlichkeit
bei Darstellung dieses Wesentlichen Abbruch zu thun, die deutsche
Geschichte recht wohl bei vier Stunden wöchentlich in einem,
bei zwei Stunden in zwei Jahrescursen zu Ende bringen
können (nöthigenfalls auch letzteres schon bei drei Stunden)
— also in den höhern Volks- oder Bürgerschulen in den beiden
obern Classen (bis zur Confirmation), in den Real- und Gelehrtenschulen in der dritten Classe. Was die Bürgerschule
anbetrifft, so scheint uns ein zwar auf das Wesentliche be-
schränkter, aber innerhalb dieser Grenzen gründlicher Unterricht
in der deutschen Geschichte (nach vorausgegangener, das Spe-
cialvaterland umfassender Heimathskunde) für das geschichtliche
Bedürfniß der darin vertretenen Berufs- und Bildungsclassen
ausreichend; allgemeine Geschichte — moderne und (eventuell)
antike — gehören, nach unserer Ansicht, höchstens in die sogen.
Fortbildungsclasse (nach der Confirmation). Für die niedere
Volksschule, namentlich auf dem Lande, würden wir eine genaue
Kenntniß des engern Vaterlandes, nebst einigen allgemeinen
Umrissen der gemeinsamen deutschen Geschichte, wie solche in
der Vaterlandskunde mit vorkämen, für genügend halten. In den
Real- und Gelehrtenschulen, sowie den ihnen gleichste-
henden Anstalten, möchte sich an den Cursus der deutschen Ge-
schichte zunächst einer der allgemeinen modernen Geschichte
(Mittelalter und Neuzeit) anschließen. Nach derselben Methode
behandelt, nur verhältnißmäßig knapper und gedrängter, als

die vaterländische Geschichte, weil sie unserm Interesse nicht
so nahe steht, würde diese Geschichte der Hauptstaaten Europa's
und Amerika's in der Regel nur die gleiche Zeit beanspruchen
dürfen, wie jene erstere (die deutsche), müßte sogar zur Noth in
einen noch etwas kürzern Zeitraum zusammengedrängt werden
können.

Erst an dritter Stelle, nach diesen beiden Cursen, wäre die
Geschichte der alten Welt zu lehren, soweit diese überhaupt
für die bezüglichen Bildungsziele der einzelnen Schulen angemessen und nöthig befunden wird, was uns z. B. rücksichtlich
der Mädchenschulen nicht zweifellos ist.

Die Bevorzugung der vaterländischen Geschichte vor
der fremdländischen, und der Geschichte der neuern Zeit
vor derjenigen der alten Zeit wird man uns hoffentlich eben
so wohl als eine natürliche und nothwendige Consequenz des an
die Spitze unserer Betrachtungen gestellten pädagogischen Grundsatzes: immer und überall so viel möglich mit dem Nächstliegenden,
Bekanntesten zu beginnen, als aus Gründen praktischer Zweck-
mäßigkeit zu Gute halten. Oder ist es etwa naturgemäßer und
entspricht es dem wahren Bildungsbedürfnisse der Zöglinge besser,
wenn den Mädchen von zwölf bis vierzehn Jahren die Geschichte des trojanischen Krieges, der Heerzüge Alexander's, oder
die Kämpfe der Patricier und Plebejer im alten Rom vorge-
tragen werden, als wenn man sie mit der Geschichte des eigenen
Vaterlandes, dann erst der andern europäischen Länder in der
Neuzeit, und nur etwa zuletzt, wenn noch Zeit ist, auch mit dem
Alterthume bekannt macht? Und verhält es sich nicht ganz
ähnlich mit der männlichen Jugend, so weit dieselbe nicht zu
vorwiegend gelehrten Beschäftigungen, sondern zu solchen Berufs-
arten, die eine engere, unmittelbarere Beziehung zum Leben
haben, vorgebildet werden soll? Wenn in Betreff der Gelehrtenschulen gegen die obige Reihenfolge im Geschichtsunterricht aus dem Grunde Bedenken erhoben werden sollten,

daß hier eine frühere Kenntniß der alten Geschichte als Vorbe-
dingung für das Verständniß der alten Classiker unentbehrlich sei,
so wollen wir dahingestellt sein lassen, ob ein wirklich systematischer
und tiefer eingehender Vortrag der ganzen alten Geschichte in
ihrem pragmatischen Zusammenhange für das Verständniß des
Eutropius, Cornelius Nepos, Xenophon, ja selber des Homer
und Livius nothwendig sei, oder ob für diesen Zweck nicht auch
schon ein sehr allgemeiner Umriß der betreffenden einzelnen Volks-
geschichten, der griechischen oder römischen, genüge, der mit der
Lectüre dieser und anderer Schriftsteller selbst einleitungs- oder auf
sonst welche Weise verbunden werden könnte. Jedenfalls wird man
uns zugeben müssen, einmal, daß für den eigentlich pragmatischen
und systematischen Unterricht in der Geschichte, und namentlich
der alten, das Alter, wo in der Regel das Lesen der alten
Schriftsteller anfängt, noch zu früh ist; für's Zweite, daß das
eindringende Verständniß der um so viel schwerer zu fassenden,
weil uns so viel ferner liegenden, staatlichen und Culturverhältnisse des Alterthums nach allen bekannten psychologischen und
pädagogischen Erfahrungen nur erleichtert werden kann, wenn zuvor
an einem näher liegenden Stoffe, dergleichen die Heimathskunde
und die vaterländische Geschichte ist, der Schüler seinen Sinn
für geschichtliche Auffassung im Allgemeinen geübt und geschärft
hat; endlich, zum Dritten, daß es heutzutage nicht mehr wohl
zu rechtfertigen ist, wenn die Zöglinge der Gelehrtenschulen
bei der alten Geschichte so lange festgehalten werden, daß sie
von der modernen, und selber der des eigenen Vaterlandes,
kaum mehr als eine flüchtige und dürftige Vorstellung bekommen.

Wie dem aber auch sei, jedenfalls müßten wir für diejenigen
Anstalten, wo jene Rücksicht auf das classische Studium nicht
maßgebend, dagegen die auf das Leben und die Gegenwart um so
überwiegender ist, für die Realschulen und die ihnen verwandten
Anstalten, die volle Giltigkeit des oben aufgestellten Grundsatzes
behaupten.

In diesen würde, unsers Erachtens, vor Allem der vaterländischen, nächst dieser aber der allgemeinen modernen Geschichte eine eingehende Behandlung zu widmen und nur erst nach gründlicher Erledigung dieser beiden Curse die dann noch übrigbleibende Zeit zu einem Ueberblick der Geschichte der alten Welt zu verwenden sein.

Was die sogenannte biblische Geschichte betrifft, so würde diese, so weit sie einen Theil des Religionsunterrichts ausmacht, ihre bisherige Stelle und Zeitfolge im Organismus des Unterrichts nach wie vor behaupten können. Sofern es sich dagegen um eine pragmatische Geschichte des jüdischen Volkes handelt, würde eine solche natürlich ebenfalls erst an der ihr zukommenden Stelle, als Theil der alten Geschichte, abzuhandeln sein.

Um die Vortheile der entwickelten Unterrichtsmethode auf dieser dritten Stufe nochmals zusammenzufassen, so wären es hauptsächlich folgende:

1. Größere Anschaulichkeit des Lehrstoffes, da der Schüler statt einer bloßen Reihenfolge von Ereignissen, die sich ihm nur schwer zu einem deutlichen und abgerundeten Bilde gestaltet, eine Anzahl solcher abgerundeter Bilder erhielte, als Anhalt- und Ruhepunkte für Einbildungskraft und Gedächtniß, um welche sich die dazwischenliegenden Reihen von Ereignissen leicht gruppiren ließen.

2. Die Erleichterung, welche dem Schüler theils eben hierdurch, theils wegen der, bei diesem Verfahren viel leichter, als bei dem gewöhnlichen, zu bewerkstelligenden Ausscheidung des Wesentlichen von dem Unwesentlichen, für das Auffassen und Aufbewahren der wirklich wissens- und behaltenswerthen Thatsachen zu Theil würde, und die viel größere Wahrscheinlichkeit, daß er die so aufgefaßten auch wirklich behielte.

3. Das leichtere und mehr gesicherte Verständniß des

innern Zusammenhanges der Thatsachen, welche der Schüler durch
die angegebene Gruppirung derselben erhält.

4. Die größere Betheiligung der eignen Selbstthätigkeit
des Schülers bei einem solchen Lehrgange, indem er durch diesen
selbst darauf hingewiesen und in den Stand gesetzt wird, zu
beobachten, zu vergleichen, zu gegebenen Thatsachen die geschichtlichen Voraussetzungen zu suchen, durch welches Alles seine
Aufmerksamkeit, sein Interesse, sein Beobachtungs- und Forschungs-
trieb ganz anders angeregt werden, als wenn er lediglich eine
ihm nach einander vorgeführte Reihe von Begebenheiten mit
seinem Gedächtniß auffassen und mit seiner Phantasie verknüpfen soll.

Neben diesen Vortheilen, welche mehr die formale und pä-
dagogische Seite des Geschichtsunterrichts betreffen, kommt noch,
als ein sehr wesentlicher materieller oder stofflicher Gewinn, das
in Betracht, daß bei dieser Methode dem culturgeschichtlichen Elemente diejenige Stellung und Bedeutung im Geschichtsunterricht zweifellos gesichert ist, welche demselben von allen
Seiten heutzutage immer entschiedener zuerkannt wird,*) und
welche gleichwohl bei dem gewöhnlichen Verfahren, selbst beim
besten Willen des Lehrers, nur in sehr unvollkommener Weise
zur Geltung zu kommen vermag.

Die angegebenen Vortheile der neuen Methode, insbesondere die dadurch erstrebte Anschaulichkeit des Geschichtsunterrichts,
würden wesentlich erhöht werden durch Anwendung äu-
ßerlicher Hilfsmittel der Veranschaulichung, theils
kartographischer (zur Versinnlichung der topographischen,
geographischen, culturstatistischen Verhältnisse), theils solcher Abbildungen von Dingen und Personen, durch welche be-

---

*) Wir berufen uns u. A. nochmals auf die ausdrückliche Empfehlung
des culturgeschichtlichen Elements für den Unterricht in dem schon oben
erwähnten Rescripte des preußischen Cultusministers Herrn von Bethmann-
Hollweg.

stimmte Culturmomente in der Geschichte der Vorstellungskraft und dem Gedächtniß des Schülers besser, als durch bloße Worte, eingeprägt würden. Wie wir uns die fruchtbare Anwendung derartiger bildlicher Hilfsmittel denken, wird am besten aus der im Anhange mitgetheilten Probe der Behandlung einer bestimmten Geschichtsperiode nach diesem Plane ersehen werden.

Zweierlei freilich wäre für eine allgemeine und gedeihliche Anwendung der oben entwickelten culturgeschichtlichen Methode für den Geschichtsunterricht durchaus erforderlich: 1. die Heranbildung von Geschichtslehrern, welche selbst Sinn und Kenntniß für eine solche culturhistorische Behandlung der Geschichte mitbrächten, 2. brauchbare Lehrbücher, theils um dem Lehrer das nöthige Material an die Hand zu geben, theils um ihm den rechten Weg in der Benutzung desselben zu zeigen.

Was das Erstere betrifft, so steht zu hoffen, daß in dem Maße, wie die Culturgeschichte als ein nothwendiges und nicht länger zu entbehrendes Moment der Geschichtswissenschaft überhaupt, ganz besonders aber des Geschichtsunterrichts in den Schulen, täglich mehr sowohl von den Historikern selbst, als von den Schulmännern und Schulbehörden anerkannt wird — wozu bereits, wie oben gezeigt, wenigstens ein vielverheißender Anfang gemacht ist — in demselben Maße auch die Regierungen das Bedürfniß empfinden und diesem Bedürfniß praktische Geltung verschaffen werden: die Culturgeschichte als eine selbständige und vollberechtigte Disciplin, entweder neben der politischen Geschichte, oder in engster Verbindung mit dieser, auf den Universitäten und Seminarien lehren zu lassen.

Das Bedürfniß nach Lehrbüchern aber von der bezeichneten Art wird seine Befriedigung ganz von selbst finden, sobald nur erst diese Methode zur praktischen Geltung gelangt und damit das Vorhandensein eines solchen Bedürfnisses constatirt ist, mit andern Worten, wenn die Verfasser derartiger Lehrbücher hoffen dürfen, dieselben benutzt, also auch die Verleger, dieselben gekauft zu sehen. Der Verfasser der vorstehenden Abhandlung wäre nicht abgeneigt, an die Abfassung eines oder mehrerer solcher Lehrbücher, allein oder im Verein mit Andern, Hand anzulegen, und ebenso zeigt sich der Verleger dieser Flugschrift bereit, bei einem derartigen Unternehmen mitzuwirken — sobald die hier gemachten Vorschläge in der öffentlichen Meinung, insbesondere bei den Männern vom Fach und bei denen, welche auf die Einrichtung des Geschichtsunterrichts einen maßgebenden Einfluß haben, Anklang, Beistimmung und Ermunterung finden, so daß ein Gelingen des in Frage stehenden, allerdings sehr mühevollen, ganz besonders aber, wenn es recht praktisch und nutzbar angelegt werden soll, sehr kostspieligen Unternehmens mit einiger Sicherheit zu hoffen stände.

Verfasser und Verleger würden daher nicht nur den Kritikern vom Fach, sondern einem jeden Sachkundigen, namentlich aber praktischen Schulmännern sehr verpflichtet sein, wenn dieselben ihnen unumwunden und eingehend, sei es öffentlich oder privatim, ihre Ansichten über die hier entwickelten Vorschläge, deren pädagogischen Werth und deren muthmaßliche praktische Ausführbarkeit, so wie Ausstellungen und Bedenken in der einen oder andern dieser Beziehungen, oder Fingerzeige für Verbesserungen daran, mittheilen wollten. Von dem Erfolge dieses vorläufigen Schrittes wird es abhängen, ob der hier betretene Weg demnächst weiter verfolgt, oder ob dies einer spätern Zeit vorbehalten bleiben soll, wo die hier entwickelten Ansichten, denen möglicherweise jetzt noch ihre Neuheit im Wege steht, sich in der öffentlichen Meinung vielleicht weitere Bahnen gebrochen haben werden.

Anhang.

Probe der Behandlung einer einzelnen Geschichtsgruppe nach der culturgeschichtlichen Anschauungsmethode.

———

Wir wählen dazu eine der mittlern Perioden, damit es nicht scheine, als ob wir entweder durch die größere Einfachheit des Ganges der Begebenheiten, wie sie den frühesten Perioden eigen ist, oder durch den nähern Zusammenhang mit der Gegenwart, der bei den neuesten dem Verständniß zu Hilfe kommt, uns die Sache leicht machen wollten. Und zwar nehmen wir den Zeitraum von der kräftigen Machtentfaltung des Reichs und des Königthums unter den sächsischen Kaisern, namentlich Otto dem Großen, bis zu dem Verfalle beider nach dem Untergange der Hohenstaufen und dem Eintritte des sogenannten Interregnums (also vom Ende des 10. bis zur Mitte des 13. Jahrhunderts).

Wir versetzen uns an das Ende dieser Periode, also in die Zeit des Interregnums. Das Erste, was wir betrachten, ist die Physiognomie des Reichs, wie sie uns äußerlich erkennbar entgegentritt, also

1. seine Grenzen. Wir vergleichen diese Grenzen mit denen, welche das Reich zur Zeit Otto's des Großen und seiner nächsten Nachfolger hatte. Wir finden mehrfache Veränderungen in dieser Beziehung vor.*) Nach Nordosten sind weite

———

*) Hier wäre wo möglich dem Schüler eine Karte vorzulegen, worauf sich jene ältern und diese neuern Grenzen deutlich unter-

— 34 —

Landstriche an der Ostsee hinauf, Preußen, Kurland, u. s. w. erobert, christianisirt, germanisirt, cultivirt worden.

·scheidbar und vergleichbar (mit verschiedenen Farben oder auf sonst welche Weise) markirt befänden, so daß der Schüler durch einen einzigen Blick auf diese Karte sofort ein deutliches und festhaftendes Bild des frühern wie des spätern Zustandes, also auch der zwischen beiden vorgegangenen Veränderungen erhielte. Außerdem wird der Lehrer gut thun, wenn er sich selbst eine große Wandkarte (am besten aus schwarzem Wachspapier) bereitet. Dies kann ohne viel Mühe und Kosten geschehen, zumal wenn man eine solche Karte entweder genau in der Höhe und Breite einer vorhandenen gestochenen Karte, oder aber in einem leicht vergleichbaren Größenverhältnisse dazu (grade doppelt oder dreifach so groß) anlegt. In beiden Fällen lassen sich die Dimensionen der einen ohne Schwierigkeit auf die andere übertragen. Auf dieser Karte werden dann die bleibenden (Natur-) Verhältnisse, wie Gebirge, Flüsse, Meere, im Voraus und mit unverwischbaren, hellen, möglichst von fern erkennbaren Farben aufgetragen, dagegen die erst im Laufe der Zeit sich bildenden und wechselnden (Cultur-) Verhältnisse, wie Städte, äußerer Umfang, innere Eintheilung der Länder, Sprach- und Stammesgrenzen u. dgl. m., jedesmal erst an der Stelle, wo sie eintreten, mit farbiger Kreide, so daß bei jeder Veränderung die früher eingetragenen Bezeichnungen leicht wieder weggewischt und anders gezeichnet werden können. So würde hier der Lehrer, nachdem er bei Darstellung der frühern (Ottonischen) Periode die Grenzen Deutschlands auf der Wandkarte so eingezeichnet hätte, wie sie damals gewesen, jetzt diese Grenzen entweder nach der Seite hin, wo sich dieselben inzwischen verändert haben, weglöschen und andere dafür ziehen, oder, noch besser, er würde die frühern Linien stehen lassen und die neuen (mit andersfarbiger Kreide) darüber hinausziehen, so daß der Schüler den frühern und den gegenwärtigen Umfang Deutschlands mit einem Blicke übersehen und vergleichen könnte. Ist der Lehrer seines Gedächtnisses oder seiner Zeichenfertigkeit nicht sicher genug, um die Zeichnung in der Stunde selbst, vor den Augen der Schüler, vorzunehmen, so kann er dieselbe zu Hause vorbereiten. Eindrucksvoller und darum bleibender ist die Anschauung, wenn sie sich vor den Augen des Schülers selbst entwickelt, wenn Wort und Bild gleichsam Hand in Hand geben. Den Nutzen derartiger selbstgefertigter Wandkarten beim Geschichtsunterricht habe ich durch eigene Erfahrung, und zwar mit Schülern sehr verschiedenen Bildungsgrades, erprobt; selbst weiter vorgeschrittene, z. B. beim akademischen Vortrage, folgten mit sichtlich erhöhtem Interesse und Verständniß einer Darstellung, welcher die bildliche Anschauung auf die angegebene Weise zur Seite ging.

Hier schlösse sich nun sofort eine kurze geschichtliche Rückschau auf die Eroberung u. s. w. der ge-
dachten Länder an.

Nach anderer Seite (gegen die Slaven) ist die Grenze
Deutschlands theils ebenfalls vorgerückt, theils wenigstens mehr
gesichert. Dagegen ist im Norden die Mark Schleswig dem
Reiche abwechselnd entfrembet und wiedergewonnen worden.

Zu alledem wären die geschichtlichen Vorgänge
sofort in Kürze beizubringen, also: die Unterwerfung der
Pommern und Obotriten, die Errichtung neuer, bez. Vorschie-
bung der alten Marken u. s. w.

In ähnlicher Weise würde das Verhältniß des Reichs zu
dem Königreiche Burgund, so wie zu den in mehr oder weniger
losem Verbande mit dem Reiche stehenden Ländern Norditalien,
Böhmen u. s. w. zu erläutern und geschichtlich zu begrün-
den sein.

Mit einem Worte: die Anschauung des gegenwärtig
Vorhandenen, der politisch-geographischen, statistischen, staats-
und völkerrechtlichen Verhältnisse des Reichs um die Mitte des
13. Jahrhunderts wäre überall der Ausgangspunkt für die
Entwicklung der rückwärts liegenden geschichtlichen Ereignisse,
deren Darstellung sich jedesmal unmittelbar da anschlösse,
wo man ihrer bedürfte, um zu zeigen, wie, wann, wodurch der
frühere Zustand in den spätern sich verwandelt habe.

Eben so wäre dann zu verfahren:

2. in Betreff der innern Gestaltung Deutschlands.

Hier würde sich das hauptsächlichste Augenmerk auf die seit
den Ottonen merklich fortgeschrittene Vieltheilung des Reichs
richten. Der daran zu knüpfende geschichtliche Rückblick
würde zeigen, wie bis um die Mitte und noch gegen das Ende
des 10. Jahrhunderts vorwiegend nur die großen Stammes-
herzogthümer als Theilganze des Reichs hervortreten, wie dann
aber allmälig innerhalb dieser weitere Eintheilungen und Ab-

3*

grenzungen sich bilben, — zuerst die großen Mark- und Land-
grafschaften, bie immer selbständiger und von ben Herzögen, in
beren Machtbereich sie eigentlich gehören, unabhängiger sich darstellen, weiter die größern geistlichen Gebiete (Bisthümer und
Erzbisthümer), zuletzt eine Anzahl von Pfalzgrafschaften, Burg-
grafschaften und auch von einfachen Grafschaften. Dieser Zerfall ber Herzogthümer (ober ber natürlichen Gruppirung nach
Stämmen) in eine bunte Vielheit größerer und kleinerer Territorien (politisch-dynastischer Abgrenzungen) vollenbet
sich durch die Katastrophe Heinrich's des Löwen im Osten,
durch das Verschwinden der fränkischen und der schwäbischen
Dynastie im Westen und Südwesten.

Dies Alles nun wäre, sowohl in der Gestalt, wie es am
Ende des Zeitraumes (um die Mitte des 13. Jahrhunderts)
fertig erscheint, als nach den Hauptphasen oder Entwicklungs-
stufen seines geschichtlichen Werbens bem Schüler anschaulich und faßlich vorzuführen, wieberum womöglich mit
Hilfe einer Karte.*) Desgleichen natürlich die wichtigsten
Besitzveränderungen in diesen Territorien, z. B. der Uebergang der Herzogthümer Sachsen und Baiern von den Welfen
an die Askanier, später an die Wettiner, an die Wittelsbacher ꝛc.

Nach Veranschaulichung dieser beiden am meisten sicht-
bar hervortretenden Verhältnisse, der äußern Abgrenzung und
der innern Eintheilung des Reichs, käme man

---

*) Zu dem Ende wären auf der gestochenen Karte (welche eine und
dieselbe mit der früher benutzten sein könnte) die Grenzen der Herzogthümer,
die innerhalb dieser entstandenen und aus ihnen herausgetretenen Markgraf=
schaften, Erzbisthümer, Bisthümer, Grafschaften anzugeben, vielleicht bei
letztern unter Beifügung der Jahreszahl ihrer Begründung oder ihres
selbständigen Hervortretens. — Auf der Wandkarte wäre ebenfalls zuerst
nur die einfachere Eintheilung in größere Gruppen vorzunehmen, dann aber
jedesmal, so oft das Entstehen einer einzelnen Unterabtheilung zur Erwäh=
nung käme, diese sofort an der betreffenden Stelle in die größern Umgren=
zungen einzutragen.

3. zur Darstellung der Verfassung des Reichs nach
ihren Hauptzügen, und zwar zuerst des Verhältnisses des
Kaisers zu den Vasallen. Die vollendete Thatsache der
gänzlich geschwächten und beinahe vernichteten einheitlichen,
Recht und Ordnung erhaltenden Gewalt im Reiche, wie sie im
Interregnum auf erschreckende Weise zu Tage tritt, böte hier
den geeigneten Ausgangspunkt der rückschauenden geschichtlichen Betrachtung dar.

Welcher Verlauf der Dinge hat es dahin gebracht, daß
das deutsche Königthum, das man so kraftvoll in den Händen
Heinrich's I. und Otto's I. zurückgelassen, jetzt, nach noch nicht
dreihundert Jahren, dermaßen zu Boden liegt? — Da wäre
denn zuerst der bedenklichen Neigung Erwähnung zu thun,
welche, nach Otto's I. glänzendem Vorgange, dessen minder
große Nachfolger ebenfalls, zu ihrem und des Reichs Unheil,
nach Italien getrieben; es wäre ferner des frühen Todes der
letzten beiden Ottonen und des Aussterbens der ganzen sächsischen
Dynastie zu gedenken, dabei der eigenthümliche Charakter des
damaligen deutschen Königthums hervorzuheben, welches halb
auf Erbrecht, halb auf Wahl beruhte, indem herkömmlicher
Weise innerhalb der einmal zur Herrschaft berufenen Familie
die Königswürde vom Vater auf den Sohn vererbte, wobei
das Zustimmungsrecht der Großen eigentlich nur eine Form
war, während ein eigentlich freies Wahlrecht erst dann eintrat,
wenn die ganze Dynastie ausgestorben und eine neue zu berufen
war. Bei dieser Berufung der zweiten (fränkischen) Dynastie
auf den deutschen Thron wäre etwas länger zu verweilen, theils
weil dabei mancherlei Eigenthümlichkeiten der damaligen Reichs-
verfassung zur Anschauung kommen (neben dem erwähnten Grund-
satze der Wahl die damals noch in voller Geltung bestehende Voll-
ziehung derselben nach Stämmen, das Zusammenwirken der großen und kleinen Vasallen dabei, auch wohl die Aeußerlichkeit der
Vornahme dieser Wahl — unter freiem Himmel, an beiden

Ufern des Rheins, zwischen Mainz und Worms — u. s. w.),
theils weil sich bei jener Gelegenheit der damals noch unter
den Großen vorherrschende patriotische Zug in wahrhaft ergrei-
fender Weise bekundet, im frappanten Gegensatze zu dem völlig
egoistischen und particularistischen Geiste, der ein Jahrhundert
später bei ähnlicher Veranlassung zu Tage tritt.

Es dürfte nicht unzweckmäßig sein, diesen und ähnliche
Momente der vaterländischen Geschichte, in denen sich ein her-
vorstechender Charakterzug des Volks oder eine be-
deutsame Wendung seiner Geschicke kundgibt, so viel
möglich mit den Worten zeitgenössischer Zeugen (natürlich so weit man überzeugt ist, daß dieselben treu berichten)
wiederzugeben, so im gegenwärtigen Falle die Scene der Wahl
Konrad's II. etwa nach der Schilderung Wippo's.

Dergleichen markante Schilderungen einzelner präg-
nanter Geschichtsmomente (nicht isolirt, sondern im vollen
Zusammenhange und Flusse einer größern, stetigen Geschichtsdarstel-
lung, gleichsam als deren Knotenpunkte) sind die allein richtigen
und fruchtbaren „Geschichts- und Charakterbilder." Als
solche möchten sich für diesen Zeitraum etwa noch ferner (in Bezug auf die Wandlungen der Kaisermacht) besonders eignen:
Conrad's II. Versuch, die kleinern Vasallen durch Erblichmachung
ihrer Lehen unmittelbar an das Kaiserthum zu fesseln (veran-
schaulicht in der Geschichte von den schwäbischen Edlen, die
ihrem Herzog absagen, als er sie gegen den Kaiser führen will),
Heinrich's III. Bestrebungen, die deutsche Königskrone in seinem
Hause erblich zu machen, so wie dessen Bemühungen für Gründung einer festen Rechtsordnung im Reiche, dann der entschei-
dende Wendepunkt in der Geschichte des deutschen Königthums
unter Heinrich IV., der Tag von Forchheim, wo jene zwei
verhängnißvollen Grundsätze aufgestellt und zur Anwendung
gebracht wurden, 1) daß die Fürsten in der Wahl des deutschen
Königs völlig frei, nicht einmal an die Familie des letztregie-

renden Königs gebunden sein sollten, 2) daß zur Giltigkeit einer solchen Wahl jedesmal die Bestätigung des Papstes nöthig sei.

Die Periode der Hohenstaufen wird im gewöhnlichen Geschichtsvortrage in der Regel mit besonderer Vorliebe als eine der glänzendsten (was sie ja nach gewissen Seiten hin auch ist) geschildert. Hier, wo der geschichtlichen Betrachtung gleich von vornherein ein bestimmter Ausgangs- und Zielpunkt gegeben, gleichsam eine bestimmte Frage gestellt wäre, die sie zu beantworten hätte, nämlich die Frage: wie ist es gekommen, daß die einst im Innern und nach außen so starke Königsgewalt schon um die Mitte des 13. Jahrhunderts so tief darniederliegt, hier würde sich für die Betrachtung dieser Hohenstaufischen Periode ein zum Theil wesentlich anderer, freilich mehr nüchterner, aber auch zuverlässigerer Maßstab ergeben. Die Züge der Hohenstaufischen Kaiser nach Italien z. B. würden weniger nach den dabei vorkommenden einzelnen Großthaten, dynastischen Zwecken, Vortheilen und Nachtheilen oder den persönlichen Schicksalen dieser Fürsten, als vielmehr nach ihrer Bedeutung für und ihren Rückwirkungen auf das Reich, seine äußere Machtgeltung und seine innern Verfassungsverhältnisse in's Auge zu fassen, es würde z. B. der verhängnißvolle Einfluß, den der Kampf der Hohenstaufen gegen die italienischen Städte auf ihre Stellung zu den eigenen Städten im Reich hatte, es würde der Versuch, die aufstrebende Kraft des Städte- und Bürgerthums zu Gunsten der Vasallenmacht zu unterdrücken, es würde überhaupt das bei dieser Dynastie sehr entschieden hervortretende Uebergewicht des dynastischen Hausinteresses vor dem eigentlich nationalen (der Stärkung der Königsgewalt) u. dgl. m. hervorzuheben sein.

Durch eine solche, im Allgemeinen nur summarische und bloß bei einzelnen besonders wichtigen Punkten etwas länger verweilende Vergegenwärtigung der Kaisergeschichte würde man also den Schüler zu dem Endresultate zurückführen, welches ihm gleich anfangs als fertige Thatsache vorgelegt worden wäre,

würde man gleichsam vor seinen Augen den Faden der Ereignisse ablaufen und sich entwickeln lassen, die zu diesem End-
punkte hin von einem frühern, anders gearteten Zustande führen,
und würde ihm so, durch Aufzeigung bestimmter Thatsachen in
bestimmter Aufeinanderfolge und Verkettung, zum Bewußtsein
bringen, wie und wodurch es zu dem gekommen sei, was am
Ende des Zeitraums als vollendet erscheint, zu dem Siege des
aristokratischen und particularistischen Elementes über das
monarchisch-einheitliche. In dieser ganz bestimmten Verkettung
der geschichtlichen Thatsachen durch die dem Schüler stets gegenwärtig zu haltende Hinweisung auf ein gegebenes Endziel der Betrachtung, gleichsam der Auflösung eines vorangestellten geschichtlichen Problems, erhält jeder einzelne Vorgang sogleich seine deut-
liche und auch für den noch weniger an geschichtliche Betrachtungen
gewöhnten jugendlichen Geist leicht faßliche Bedeutung, seine sichere
Stelle im Ganzen der Geschichtsentwicklung, prägt er sich zugleich
eben darum fest und bleibend dem Gedächtniß ein. Momente, wie
die oben erwähnten, welche ganz bestimmte Wendungen in der
Geschichte des deutschen Königthums von seiner Größe zu seinem
Verfall hin bezeichnen, also z. B. jene Tage von Forchheim
und von Canossa, oder Heinrich's V. Empörung gegen seinen
Vater auf Anstiften der päpstlichen Partei, Friedrich's I. und
Heinrich's VII. Verordnungen zu Gunsten der Fürsten und zu
Ungunsten der Städte — nicht minder solche der entgegengesetzten
Art, welche diese verhängnißvolle Wendung aufhalten zu wollen
scheinen, — sowie die Ursachen, warum sie dies dennoch nicht
vermögen, — wie jener patriotische Act der einmüthigen Wahl
Konrad's II., dieses Kaisers Versuch, die Vasallen zweiten Ran-
ges zu stärken und dem Throne enger zu befreunden, die Be-
mühungen Heinrich's III. in ähnlicher Richtung, der beharrliche
Kampf Heinrich's IV. mit dem Papstthum und sein Bündniß
mit den entschieden national gesinnten Städten gegen die im
Dienste des Papstthums handelnden Fürsten, die folgenreiche

Beugung der allzu übermächtig gewordenen Fürstengewalt in
der Person Heinrich's des Löwen und die dadurch beförderte
Zersprengung der großen Herzogthümer — dies und Aehnliches,
sammt den hervorragenden Persönlichkeiten, an welche sich
speciell die einen und andern dieser Vorgänge knüpfen, wird
sich dem Gedächtnisse des Schülers um so fester einprägen und
um so gewisser darin haften, als ihm, wie gesagt, bei jeder
dieser Thatsachen und dieser Persönlichkeiten sogleich deren Beziehung zu der Frage, vor welche der Lehrer ihn gestellt hat,
(ihre Bedeutung für die Schwächung oder Stärkung des Reichs
und seiner Gewalt) klar vor Augen steht.

Hätte der Schüler solchergestalt die politischen Verhältnisse des Reichs in großen, aber klaren Umrissen kennen
gelernt, so wäre ihm nun weiter von den innern Zuständen,
theils des Ganzen, theils der einzelnen Theile, so viel zur
Anschauung zu bringen, als angemessen erschiene, um nicht durch
zu viel Detail den jugendlichen Geist zu überbürden und zu
verwirren. Also zunächst etwa

4. die allgemeinen Einrichtungen im Reich, wie
das Kriegswesen, die Rechtsprechung u. A. m. Sodann

5. das Verfassungs- und Rechtsleben der Einzel-
staaten, das Verhältniß des Unterthanen zum Landes-
herrn u. s. w., so wie die Entwicklung der (bürgerlichen
und socialen) Standesunterschiede, die Gegensätze von
frei und unfrei, von reichsunmittelbar und mittelbar, von hohem
und niederm Adel u. s. w.

Eine etwas näher eingehende Betrachtung möchte wohl,
wegen der besondern Wichtigkeit des Gegenstandes für die ganze
Entwicklung des deutschen Staats- und Volkslebens,

6. dem Städtewesen zu widmen sein. Hier wäre zu
zeigen, welche Städte (von Bedeutung) und wo solche in
dieser Periode neu entstanden seien; es wäre hinzuweisen auf
den unterscheidenden Entstehungsgrund und Charakter der ein-

zelnen (z. B. ob als Bisthumssitze, Pfalzen, Mittelpunkte einer Mark, Stapelplätze des Verkehrs, Bergwerksstädte oder dergl.),[*] auf ihre Verfassung (das Verhältniß der Patricier oder Geschlechter, der Kaufleute und der Handwerker unter einander), ihr inneres und äußeres Wachsthum, auf die Rolle, welche die Städte in den Angelegenheiten des Reichs spielten (z. B. in dem Kampfe Heinrich's IV. mit seinem Sohne und der päpstlichen Partei), endlich auf die Anfänge der großen Städtebündnisse (rheinischer Städtebund, Hansa) und auf deren hohe politische wie commercielle Bedeutung.

Daran würde sich dann auf ganz natürliche Weise anreihen

7. eine Betrachtung des damaligen **Verkehrswesens** und seiner Fortschritte seit den sächsischen Kaisern, also der **Landwirthschaft** und der damit im engsten Zusammenhange stehenden Rechtsverhältnisse des **Bauernstandes**, der **Gewerbe** (des **Handwerkerthums** und des **Innungswesens**), des **Handels** und der **Schifffahrt**, der **innern Handelswege** und der **Handelsverbindungen** nach **Außen.**[**]

---

[*] Auf der Karte wären diese neu entstandenen Städte als solche zu bezeichnen und von den schon am Anfange der Periode vorhanden gewesenen abzuscheiden; es könnten wohl auch die oben angeführten Unterschiede ihres Ursprungs und ihrer Bestimmung äußerlich anschaulich gemacht werden, wenn man z. B. die Hauptstädte der Marken so bezeichnete, wie man heutzutage die Festungen zu bezeichnen pflegt, die Bischofssitze mit einem †, die Bergstädte mit dem bekannten Bergmannszeichen Schlegel und Hammer u. s. w.

[**] Diese beiden letzten Momente ließen sich ebenfalls auf der Karte anschaulich darstellen (durch einfache farbige Linien, welche die Haupthandelsstraßen im Innern und die Hauptverkehrsverbindungen über die deutschen Grenzen hinaus angeben, z. B. von den oberitalienischen Städten nach Nürnberg, Augsburg, Ulm, von da nordwestlich den Rhein hinunter nach den Niederlanden, nördlich über Erfurt nach den Nordseestädten hin, nordöstlich nach Leipzig u. s. w.). In Betreff einer Bezeichnung der wichtigern Verkehrsmittelpunkte ist schon in der vorigen Anmerkung das Nöthige gesagt worden.

Von da würde man übergehen

8. zu der geistigen Cultur jener Zeit. Die Darstellung
des religiösen und kirchlichen Lebens in seiner Entwicklung
während dieser Periode, also: Ausbreitung des Christenthums
von Deutschland aus zugleich mit der Ausbreitung der deutschen
Macht, Stiftung kirchlicher Anstalten (neuer Kirchen, Bisthümer,
Klöster, geistlicher Orden), Betheiligung Deutschlands an den
Kreuzzügen u. s. w., würde in Bezug auf das Verständniß keine
besondern Schwierigkeiten darbieten. Natürlich hätte man sich
auch dabei auf das Wichtigste zu beschränken.

Von den Künsten ist es fast nur die Baukunst, deren
bedeutungsvolle Entwicklung grade in dieser Periode (Uebergang
des romanischen Stils in den germanischen) dem Schüler
deutlich zu machen wäre und von diesem gewiß mit Interesse
und zu bleibend fruchtbarem Gewinn aufgefaßt werden würde. *)
Zur Charakterisirung der Dichtkunst wären vielleicht einzelne
Proben aus den bedeutendsten Dichtungen dieser Periode mit-
zutheilen.

Von der eigentlichen Wissenschaft und ihren Fortschritten
ist aus dieser Zeit wenig zu sagen. Die fast einzige Frucht des
damaligen wissenschaftlichen Geistes, die Scholastik, wäre natürlich als für den Schüler unverständlich und unverdaulich bei
Seite zu lassen.

Dagegen aber böte

9. der allgemeine Lebensverkehr, die Sitten,
Trachten, Gebräuche, Wohnungs- und Nahrungsver-
hältnisse der verschiedenen Stände, so weit man davon sichere Kunde
hat, für die Darstellung in Wort und Bild einen dankbaren

---

*) Hier würden Abbildungen, wenn auch nur in ganz allgemeinen
Umrissen, der mündlichen Darstellung passend zu Hülfe kommen, theils solche
von einzelnen architektonischen Grundverhältnissen (z. B. Rund-
und Spitzbogen), theils von ganzen Bauwerken (Ansichten von Kirchen im romanischen und im germanischen Stil u. s. w.).

Stoff, deſſen intereſſevolle Aufnahme ohnehin ſchon durch die vorausgegangenen gleichartigen Darſtellungen im culturgeſchichtlichen
Anſchauungsunterricht und in der Heimathskunde vorbereitet und
vermittelt wäre.

Es verſteht ſich, daß auch bei dieſen ſpeciell culturgeſchichtlichen Verhältniſſen, eben ſo wie bei den früher erwähnten politiſchen, überall ſo viel möglich die im Laufe der Periode
in Bezug auf jedes einzelne vorgegangenen Veränderungen nam-
haft gemacht, auch, ſo weit thunlich, bildlich veranſchaulicht
würden.

Wenn man auf ſolche Weiſe verführe, ſo möchte wohl kein
irgend wichtiges, auf dieſer Stufe des Unterrichts zu berückſich-
tigendes Ereigniß ſein, das nicht unter dem einen oder andern
der aufgeführten neun Geſichtspunkte zur Darſtellung und Be-
ſprechung gelangte. Die ganze Summe der wirklich merkenswer-
then geſchichtlichen Thatſachen, welche den Zeitraum vom Ende
des 10. bis zur Mitte des 13. Jahrhunderts ausfüllten, käme
dem Schüler zur Anſchauung und zum Verſtändniß, nur in einer
andern Anordnung und Verkettung, als beim gewöhnlichen Geſchichtsunterricht, und mit einer zweckmäßigern Ausſcheidung des
Weſentlichen vom Unweſentlichen. Der Geſchichtsunterricht nach
dieſer Methode würde ſich nicht ſowohl an die Phantaſie oder
das Gefühl, noch weniger bloß an das mechaniſche Gedächtniß
des Schülers wenden, ſondern an deſſen Verſtand; er würde
ſich nicht damit begnügen, durch poetiſche Bilder die Einbildungskraft des Schülers zu beſchäftigen, oder durch Erregungen ſeines
Gemüths menſchliche oder patriotiſche Rührungen in ihm hervor-
zubringen, ſondern er würde beſtrebt ſein, dem Schüler ein wirk-
liches, klares Verſtändniß von dem zu verſchaffen, was ihm
vorgeführt würde, und ihn dadurch zugleich zum ſelbſteigenen
Nachdenken, Prüfen und Weiterforſchen anzuleiten und zu befä-
higen. Wir geben zu, die Aufgabe iſt zum Theil eine ſchwie-
rigere, erfordert ſtrengere Geiſtesarbeit von Seiten des Lehrers

wie des Schülers, als der gewöhnliche Vortrag mit feinen „Charakterbildern,“ feinen biographischen Schilderungen ober feinen lofe verbunbenen Reihen von Namen, Daten und Jahres= zahlen; aber der Gewinn wäre auch — davon find wir feft überzeugt — in materieller wie in formeller Hinsicht ein ungleich ficherer, größerer und bleibender!